「決める力」をもった子ども達

樋口綾子
Higuchi Ayako

梓書院

「決める力」を持った子ども達（絵：谷口初美）

はじめに

この本を手に取ってくださった全てのお父さん、お母さんは、我が子が幸せな人生を送ることを毎日願っておられることでしょう。

価値観が多様化した現在、子ども達が幸せに生きるためにはいったい何が必要でしょうか。心身の健康は当然として、安定した職業やある程度の財力が大事だと考える方もいるでしょう。秀でた個性や能力を我が子にもたせたいと思う方もいるでしょう。努力する力や忍耐力が幸せな人生のカギだと考える方もいらっしゃるかもしれません。

私は小学校・中学校の教師として多くの子ども達に出会い、その成長を見守ってきました。卒業した児童・生徒は折に触れて近況やその時々の様子を知らせてくれるので、大勢の若者の人生にも触れてきました。それは現在まで続いています。私の「子ども達」には、小学生・中学生、そして巣立っていった多くの若者達が含まれています。

また個人的なことをお話しすると、私は３人の娘に恵まれました。今は３人とも成人し、一人前に暮らしていますが、娘達の誕生から数十年、思い通りに行かない子育てに悩み、落ち込み、闇の中で立ちすくむような思いを抱いたこともありました。

仕事と母親業の両立は難しく、時間の足りないことを嘆き、娘達を十分かまってやれない自分を責めたことも数知れません。母親としてそんな日々を積み重ねてきました。

そのような経験の中で、子ども達が幸せに過ごすために欠かせないものは何かを考えてきました。

そして今、子どもの幸せのために欠かせないのは、生活の中で様々な選択を繰り返す時、例えば、おもちゃを買ってもらう時や習い事を選ぶ時、卒業後の進路を決める時などに、「選んだのは自分だ」「わたしが決めた」という実感をもつことではないかと感じています。

「判断力の育っていない子どもに決めさせるの?」「子どもに決めさせて、失敗したらどうするの?」と、疑問の声が聞こえてきそうです。もちろん、ただ子ども達に「決めさせる」「選ばせる」ことを勧めているわけではありません。

親と子で迷い、考え、試行錯誤して最善の方法を見つけていく。その段階で子どもがその選択に納得しているか否か、ここに大きな意味があるのです。

この本では、私がなぜそう思うようになったのかを、今までに出会ったたくさんの子ども達のエピソードを交えながらお話しします。

自分の気持ちを大切にして一歩踏み出した子ども達の姿、保護者や周りの大人がその選択をどう支えたのかをぜひご覧ください。

「決める力」をもった子ども達　＊目次

1　結果だけで、子どもの幸せは測れない

学校で子ども達と多くの時間を過ごし見守っているうちに、「子どもは、自分のもっている力、例えば、学力や運動能力、芸術的な才能。そして、忍耐強さや繊細さ、人柄のもつ魅力などの量に比例して幸せになるわけではない。」と私は思うようになりました。

勉強もでき、スポーツも万能だった生徒が、数十年後その力を充分に生かしきれていないこともあれば、そういったものが苦手でも持ち前の明るさを大事にして、社会人として逞しく暮らしていることもあります。

また、努力を積み重ねても、それが１００％結果に結びつくとは限りませんし、結果の良し悪しが必ずしも子どもの満足感や充実感につながるとも言えません。

わかりやすい例は、受験を通して見えてくることがあります。希望の学校に合格する生徒、一方には不合格になる生徒。真面目に勉強して準備してきたのに不合格になることも珍しくは

なく、受験の結果は、本人のもつ実力や積み重ねてきた努力と全くイコールというわけではありません。

たまたま試験の日に風邪やインフルエンザにかかってしまった。直前に家族に不幸があった。交通トラブルで集合時間ギリギリになり、最後まで落ち着きを取り戻せなかった。そんなアクシデントや思いがけない出来事に見舞われることもあります。

さらに、入試の結果が良かった生徒がその後の高校生活で必ず満ち足りているとも言えません。一方、不合格の生徒の中にも、失敗した直後の辛さを乗り越え気持ちを切り替えて、新たな場で充実した毎日を送り始める子どももいます。

私達大人が、形に表れた結果だけを見て、子どもの幸せを判断することはできないのです。

【ケース1】 高校受験に失敗して

15歳（中学3年生）
男の子・A君の場合

A君は自宅近くにある公立の進学校を目指し、3年生の2学期から本格的な受験勉強を始めました。合格には遠い成績でしたが、猛勉強を続け安全圏に入り希望の高校を受験しました。

ところが結果は不合格でした。「受験当日、周りの人がとても賢そうに見えて、『これはダメだ』と気持ちが沈んでしまった。」とのことでした。発表の日、中学に結果を知らせに来てくれた彼の顔は青白く、口数も少なく沈んでいました。

数日後、様子が気になり連絡を入れると、電話に出たお母さんから意外な話を聞きました。

「発表の日は、夕食の時も話しかけにくいほど落ち込んでいました。夫ともどうやって励まそうか、とても心配していたんです。本人は8時前からベッドに潜り込んでしまいました。

ところが次の日、『15時間寝たー‼』と言って起きてくると、『俺、高校に入ったら一夜漬けの勉強、止めるわ。やっぱり、夏までさぼっていた俺が簡単に合格できるはずない。私立（高校）行って学費高くて悪いけど、今度はしっかりやるよ！』と言うのです。一晩で急に大人びたみたいで、無理しているんじゃないかと思いましたが、それでも高校生になるのは楽しみらしく、少しずつ明るい表情を見せるようになりました。」と言うことでした。

高校生活が始まってしばらく経ち、新しい制服で中学校に顔を出してくれたA君は、こういう話をしてくれました。

「俺の父親は、『無理して難しい高校に行くより、安全圏の学校を受験すればいいいさ』と言ってくれました。でも、自分のプライドみたいなものもあって、イチかバチかっていう気持ちで受けて、結局、沈没。自分のこと馬鹿だなーとつくづく思ったし、俺の気持ちを大事にしてチャレンジさせてくれた両親に、ありがとうという気持ちがすごく沸いてきました。うちには、まだ下に弟たちもいるのに……。

で、クヨクヨしていたら、罰があたるっていうか、自分で決めたんだからやるっきゃない、という気持ちが湧いてきたんです。」

辛い気持ちを乗り越えさせてくれたのは、応援してくれた両親への感謝と「自分で決めたんだ」という思いだったのです。

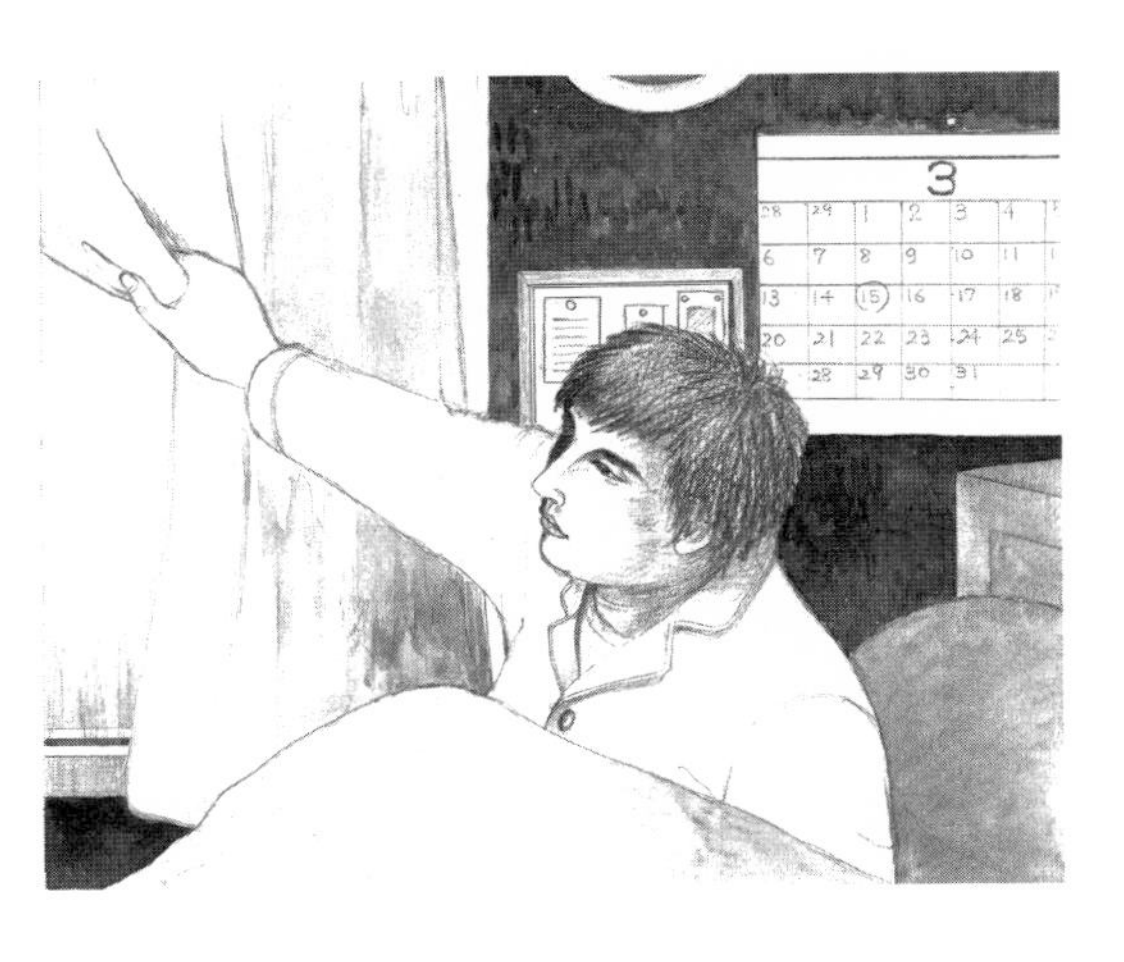

【ケース2】 希望の高校・大学に進学したけれど

20歳（大学2年生）
男性・B君の場合

大学2年生になったB君は希望の大学の工学部に進み、専門の科目も数多く受講していました。中学を卒業してもう5年経ち、久しぶりに見るその姿はとても立派な青年でした。

その彼がこんな話をしてくれたのです。

「進学する高校を決める頃、自分は工業高校に進みたかったんです。物を作るのが好きで、車やエンジンにも興味があって、自分には工業科が向いてると思いました。けれど、『専門高校だと大学進学に不利だから普通高校に行ってほしい』と家族から強く言われて、結局、普通科の高校へ進み、大学も無事合格できました。

だけど、いざ大学に入ってみると、工業高校から来た奴がいるんです。そいつは、高校で色々な実習を経験していて、今授業で習う理論も深く理解できている。

自分はというと、重要語句を覚えて一生懸命理屈を理解しようとするけど、今いち、実際のところがよく分からない。文字の上で勉強しても実物の様子が分からなくて、こんなことなら工業高校に行っとけばよかったなーと後悔しています。

5年前も、工業高校から大学へ進学できる推薦入試やＡＯ入試など、道は色々あったと思うんですよね。もう少し自分で調べて親を説得で

きていたら、高校時代、面白い実習とか経験できただろうなーと残念ですね。自分の行った高校は受験のための教科書と参考書の勉強ばっかりでしたから。」

高校時代も一生懸命勉強し、今も大学で専門の学問に励んでいるB君。彼の胸の中にあるモヤモヤしたものは、どこから来るのでしょうか。

B君が進んだ高校は、A君が不合格になった進学校でした。一般的に考えれば、B君は志望校に合格し、その後の大学入試でも目標の大学・学部に進学したのですから、結果に満足し自信をもっていいはずです。

ところが、20歳のB君は「後悔」という言葉を口にしたのです。その言葉がずっと私の耳に残りました。A君とB君は何が違ったのでしょうか。

中学校から高校への進路は、多くの子ども達にとって、初めてと言ってもいい大きな選択です。自分の夢や適性を見つめ、保護者や学校の先生に支えられながら、自分なりの志望の方向を決定します。その時、「自分がそれを選んだ」という実感が、合格であれ不合格であれ、本人を勇気づけ励ましてくれるのです。

2人の卒業生のエピソードが、その実感が子ども達にとってどれだけ大きな意味があるのかを語っています。周りの大人が将来のために良かれと思ったアドバイスも、子ども本人が納得していなければ、彼らの心には届かないのです。

もちろん、B君はこの経験から、後悔だけでなく自分で決めることの大切さを学んだでしょう。次に決断をするときには、周りの言葉に流されず、自分の気持ちを大切にしよう、自分自身で充分考えようと強く感じたはずです。

小さな決断を繰り返し、自分なりに頑張る。もし失敗しても、その乗り越え方をたくさん学んでいくのです。私たち大人は、失敗した彼らが戻ってこられる温かい場所でありたいと思います。そして、再出発を支えてあげたいものです。

2　希望の道を歩く

大人から見ると、子どもが言うことは危なっかしいことばかりです。偏った情報をもとにあれがいい、これがいいと言い張るのですから。

けれど、親や教師が自分の経験談を伝えたり世の中のルールを教えることで、彼らの経験の乏しさを補うことはできます。知らないことはアドバイスしてやりながら、しっかりとした選択を一緒に探してやることはできます。

子どもの選択を尊重することは大人にも勇気が必要ですが、必ず本人の力になると信じましょう。自分が決めた道を進んで、精一杯の努力をすること、そして努力したうえでダメだった時は、また、次の目標を見つけてがんばることを応援しましょう。

この章では、保護者の力も借りながら自分のやりたいことを育み、力を伸ばし夢を実現した子ども達を紹介します。

15歳（中学3年生）
女の子・Cさんの場合

【ケース3】 舞妓さんになりたい

中学3年生の後半になると、高校入試のための面接練習が頻繁に行われます。校長先生や教頭先生を面接官に見立てた模擬練習で、自己紹介・自己PRをする経験は大半の中学3年生にとって初めてのことです。皆ガチガチに緊張しています。Cさんもその一人でした。

ただ、Cさんは高校入試のための面接ではなく、就職試験に備えた面接練習でした。希望の就職先は、京都の置屋さん。Cさんの夢は、日本の伝統文化を担う舞妓さんになることでした。

その思いを聞いたご両親は悩み、せめて高校までは親の元で過ごしてほしいと何度も話し合いましたが、Cさんの固い決意を知るにつれ、娘を応援することにしました。

後継者が少なく厳しい芸事の世界ですが、Cさんは京都の置屋に「仕込み（舞妓になるために仕来りや礼儀作法、舞踊を学ぶ見習い）」として修業させていただくことになりました。

初めての家族と離れての生活。厳格な仕来りの中で修業に励むＣさんでしたが、ある日突然、実家に戻ってきました。置屋のお母さんから「身長がとても高くて、舞妓には向いていない」と、帰りのチケットを渡されたのだそうです。

故郷に戻った彼女はしばらくの間ぼんやりと過ごしましたが、その間に様々な次の手を考えました。置屋のお母さんにはそういわれたけれど、他に方法はないのかしら？

そうしてたどり着いたのが、故郷の町にある券番（芸妓の管理を担うところ）で働くことでした。そこで改めて芸を磨き作法を学んで、今ではすらりとした長身を生かし、現代的な芸妓（舞妓が一本立ちしたもの）として活躍するまでに成長しました。

私も年末の総踊りに招かれ、成長し夢をかなえた姿に大きな拍手を送りました。

【ケース4】　バレエのドレスづくり

23歳（大学を卒業して）
男性・D君の場合

D君は物静かな少年で、中学時代は陸上部に入っていました。彼についてお父さんから意外な話をお聞きしたのは、中学を卒業してから数年後のことでした。

実はD君は小学校時代にバレエに出会って魅了され、自分も習いたいと言い出しました。そして、バレエスクールに通い始め、それは楽しそうにレッスンに励みました。けれど、中学生になると、男子でバレエを続けている子どもは周りにはいません。D君もバレエを続けるかどうか、迷いました。D君はあまり体が大きくなく、男性ダンサーとして活躍できる可能性は少ないと、バレエの先生からも言われていたそうです。

それでも、D君は「ダンサーになれなくてもいいんだ。踊ることが好きなんだ」と自分の気持ちを大切にして、中学・高校・大学と進みながら、部活やサークルとの両立を果たし、とうとう大学卒業までバレエを続けました。

大学４年生になり卒業を間近に控えて、Ｄ君は就職のため東京に行くと宣言します。ご両親は突然のことに驚きましたが、Ｄ君が選んだ就職先はバレエのチュチュ（バレエ用の舞台衣装）を作る会社でした。

Ｄ君は、「バレエと関わる仕事がしたい！」と懸命に希望に合う進路を探し、自分の夢を叶えたのです。

ご両親は彼の決断を後押しして、旅立ちを応援しました。

子どもの「好き」という気持ちはとても大切です。難しそうな状況でも好きであれば楽しんで努力できるし、続けることができます。すると、いつしか困難に見えた道の先に希望の扉が開くかもしれません。子どもがやりたいと思うことを認め見守ってあげることが、その子の生きる道につながっていきます。

では、我が子が自分の望む道を選ぼうとするとき、親や周りの大人はどんな風に見守っていけばいいのでしょうか。

次にご紹介するケース5は昔からよく知っているご家族の話です。久々にご両親に会ってE君の最近の様子を伺い、驚きました。そして、息子の希望に戸惑う気持ちや不安、葛藤が私にも自分のことのように感じられましたが、一方で、彼の成長を頼もしく思いました。

【ケース5】 鉄道が好き……高卒で鉄道会社へ就職した青年

20歳
男性・E君の場合

E君は、3人兄妹の真ん中で、お兄ちゃんと妹がいます。お父さんは、医薬品の研究者です。E君は小さな頃から鉄道が好きで、路線名を覚え、列車の型式を調べ、大人顔負けの知識をもった少年でした。

高校生活も半ばを迎えた頃、E君は鉄道に関する職に就きたいと考えるようになりました。それも大学に進まず、高校卒業後少しでも早く、実際に現場に立ちたいと言い出しました。

ご両親には、もう少し広い範囲で学びを深めてから社会に出てほしいという思いがありました。実はお母さんも化学の専攻で、以前は医療の研究施設で働いておられ、研究することの楽しさをよく知っている方でした。

何度も家族で話し合いを重ね、E君の気持ちを確認したうえで、最終的に2人はE

君の希望に同意しました。

そして「本当に必要性を感じたら、それからだって勉強はできるのよ。」とE君に伝えることも忘れませんでした。

現在、E君は山陽新幹線の乗務員として勤務しているそうです。「大学進学は、親が願っただけで本人は望んでいなかった。」と言うのがご両親の感想です。

そしてE君は、「私たちの大学時代でも、こんなに一生懸命勉強していなかった。」とご両親が驚くほど、仕事の合間を縫って、鉄道に関する自学を進めているそうです。

次のケース6でご紹介するのは、我が家の長女の話です。私たち夫婦にとって初めての子どもで無我夢中で育て、親としての葛藤も多くありました。志望高校の選択、全寮制の部活動、大学受験と、振り返れば驚きや迷いの連続でしたが、その娘も30歳近くになった数年前、ようやく希望の職に就くことができました。

今思えば、娘自身が決めた道だからこそ諦めずに目標に向けて頑張れたのでしょう。

【ケース6】　保健室の先生になりたい

18歳（高校3年生）
女性・Fさんの場合

私の長女F子は中学入学後、陸上部に入り長距離を始めました。そして、「高校でも長距離を続けたい。」と言い、駅伝部のある高校に進学、寮に入って高校生活を始めました。朝5時に起きて朝練、授業が終わるとまた練習という生活が始まりました。各地の精鋭が集まる部の中で決して速い方とは言えませんでしたが、彼女なりに一生懸命でした。

ところが、高校2年生の秋に足の甲を疲労骨折して、練習も思うようにできなくなってしまったのです。それからの日々は下級生のお世話をしたり、部のマネージメントを手伝いました。

卒業を数か月後に控えた3年生の12月。この月の最後の日曜日には毎年、京都で全国高校駅伝大会が行われます。F子の高校も参加し、F子は裏方を務め、チームは無事入賞することができました。

京都から寮に戻ってきたその夜、Ｆ子から我が家に電話がかかってきました。

「明日、寮を出たいの！」

思いがけない話に驚く私たち夫婦に、「家に戻って勉強して、年が明けたら大学を受験させてほしい！」と言うのです。

Ｆ子の高校には姉妹校の大学があり、私も夫もそこに行くものとばかり思っていたので、とても驚きました。


しかし、本人は「私は保健室の先生になりたい！　うちの大学には勉強したい学部はないの。」と言うのです。娘は怪我や故障を経験する中で、支えてくださった養護教諭の先生に感謝し、自分もその職を目指したいと考えるようになっていたのでした。

３年間部活三昧で過ごしたＦ子にとって、受験は生易しいものではありませんでした。いくつもの不合格通知を受け取り、それでも諦めずに受験を重ね、何とか希望の学部がある大学へ進むことができました。そして４年間、介護実習、教育実習、ボランティア活動等に精を出し、養護教諭の免許を手にすることができました。

ところが、教員免許取得の後には教員採用試験が待っています。F子は1次試験を突破することができず、非正規の養護助教諭として1年、2年と働き続けました。

親としては、どこかで諦めてしまうのではないかと心配しましたが、数年後、ようやく採用試験に合格し、「保健室の先生」になることができました。

F子を最後まで支え続けたのは、「保健室の先生になりたい」という強い気持ちと、「高校3年生の時に自分が決めたのだ」という思いだったのです。

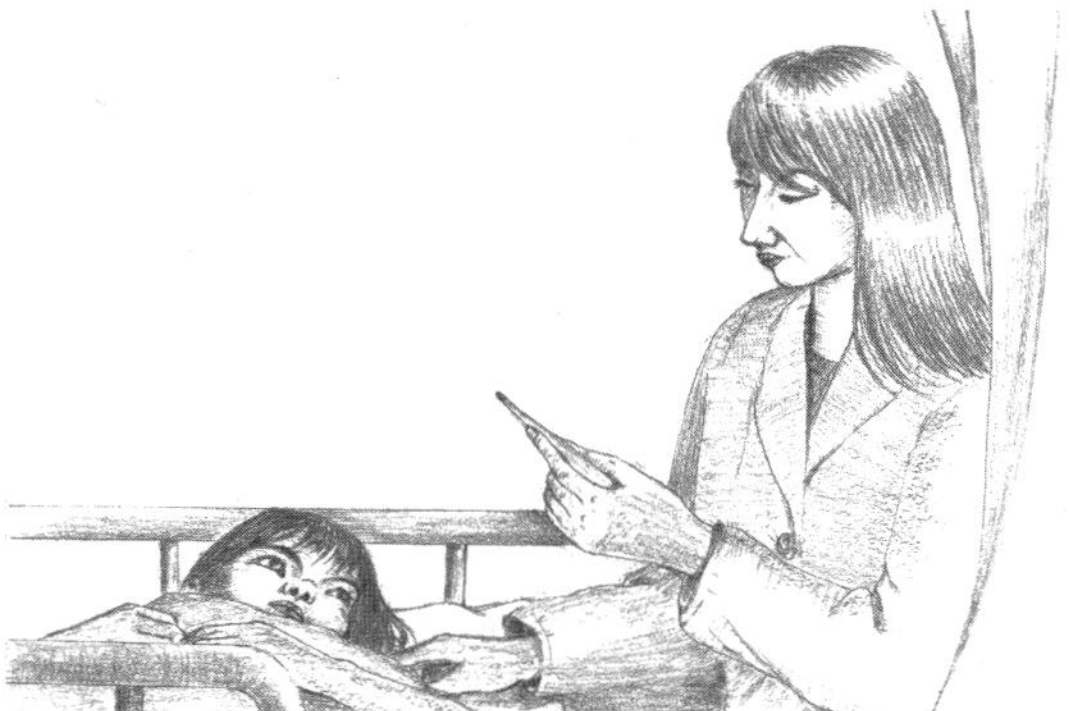

3　悲しんでいる子ども達

一方、自分で決められなかったことにわだかまりを持ち、長い間気持ちを切り替えられない子ども達もいます。また、自分が決めたことを大好きな家族に認めてもらえず、悲しむ子どももいます。そんな時、子どもは大きな挫折を感じ、自分への自信を失って、毎日の暮らしに前向きに取り組めなくなってしまいます。

２人の若者のケースをお話ししましょう。ケース７は私が担任した中学１年生のＧさん。部活をめぐって、ご両親と意見が食い違ってしまいました。

ケース８は、ボランティアで電話相談を受けた若者の話です。

【ケース7】　親が進める部に入部したけれど

13歳（中学1年生）
女の子・Gさんの場合

中学校では入学直後に部活動への入部体験が行われ、新入生はどの部に入ろうか、ワクワクしながら参加します。中学1年の女子生徒Gさんのお宅に家庭訪問したのはそんな時期でした。

Gさんは、「絶対、テニス部に入りたい。」と思っていて、これまでに数回練習にも参加していました。

けれど、お母さんは強く反対しました。「テニスはずっと外で、日焼けするよ。」「ラケットでボールを打つなら卓球でも同じよ。」「テニスより卓球は競技人口が少ないから、試合にでやすいよ。」と、Gさんを説得しました。

「でも、スコート（テニスをする際に履くスカート）履いて大きなラケットで打ちたいの！」「中学生は、小麦色の方がいいよ。」と、Gさんも負けてはいません。

私は、「まだ日程も十分あるからいろいろ体験して、よく考えて決めるといいね。」と伝えました。

それから数日後に提出された入部届には、卓球部希望と書かれていました。「卓球にしたの？」と尋ねると「はい、お父さんもお母さんも、それがいいっていうから……。」と、意外にあっさりした答えが返ってきたのでした。

そして部活動が開始しました。ラケットやシューズも買ってもらい、３年生が引退して夏休みに入ると、１年生も本格的な練習が始まります。

ところが、２年生と同じメニューになり練習時間も長くなった頃、Ｇさんは「部活が面白くない。」と言い始め、「辞めたい。」ともらすようになりました。

詳しく話を聞くと、「練習時間が長いし、つまらない。」と言うのです。

「もう少し技術が上達して試合ができるようになれば、楽しくなるかもしれないよ。」と話してみても、もう練習場に足は向かず、いつの間にか幽霊部員になり、結局卓球から離れてしまいました。

翌春、下級生が入学するとその姿を見てGさんは「あー、私ももう一度テニス部に入り直したいなー。」とつぶやきました。

「えっ、テニスの方がずっと遅くまで練習しているよ。」と私が驚くと、「先生、本当は練習が長いから辞めたんじゃないんだ。友達がテニスしているのを見ると、やっぱりテニスがよかったと、なんだかつまらなくなって、卓球を続ける気がなくなってしまったの。」と言います。

中高生は部活動を通して、頑張ることや仲間との友情、先輩後輩の絆など、とても沢山のことを学びます。学校生活の中で時間的にも精神的にも大きなウエイトを占めます。

テニスへの憧れを実現できなかったGさんは、その時、とても寂しそうな表情をしていました。

その後Gさんは美術部に途中入部して自分なりの居場所を見つけ、また笑顔を見せてくれるようになりました。

20代
Hさんの場合

【ケース8】　トランスジェンダーの若者

20歳を少しすぎたその若者Hさんは都会の大きな歓楽街で働いています。電話の初めから中性的な声と話し方で、仕事のつらさや楽しさを話題にした後、本題に入ってきました。

2人のお姉さんに続いて長男として生まれたHさんは、小さな頃から、自分の性になんとなく違和感を持っていたそうです。

でも10歳になる頃までは、その意味がよく分からず、ただ「お姉ちゃん達の真似をしたい。」、「きれいな色が好きだ。」と感じる程度でした。

中学生になる頃には、自分の中に女性を意識することもあったけれど、それは「自分の気持ちが弱って落ち込んでいるんだ」と考えて、「僕は気が弱い。もっと強くならなければいけない。シャキッとしていないから、つい女っぽくなるんだ！」と自分に言い聞かせ、奮い立たせようとしていたそうです。

そして進学した高校で、男子学生と恋愛事件を起こしてしまったHさん。結局、高校を退学して家を飛び出し、都会に出て働くうちに、自分のトランスジェンダーをはっきりと自覚しました。そして、数年後には海外で性転換手術を受けたのだそうです。

彼の、あるいは彼女と呼ぶ方がいいのでしょうか、抱えている悩みはこういうものでした。

「自分は迷いながらここまで歩いてきたけれど、今はこれが正直な自分の姿だと納得できるようになった。辛いのは、これまでに何回かきれいに装って実家に里帰りした時、周りの人には気付かれずに、家族だけに会ったけれど、母が少しも嬉しそうな顔をしてくれなかったこと。自分はようやく本当の自分になれたのに……。いたたまれなくなって、毎回すぐに帰って来てしまう。母さんはどうして、私の幸せを喜んでくれないの？」

私も性的マイノリティーの方から直接話を聞くのは初めてのことでしたが、Ｈさんの話は思春期の心の揺れや、自分でも何が起こっているか分からないような混乱、自分と同じ気持ちの人と繋がりたいという渇望感など、胸に迫ってくる内容でした。

Ｈさんは話をするうちに、「親に相談もせず性転換手術まで勝手にしてしまったのは、やりすぎたなーと思っている。周りの空騒ぎのような勢いに巻き込まれて、あんまり考えずに外国に行き手術してしまった。こういうのを若気の至りっていうんだね。やっぱり親にはしっかり話して、分かってもらう努力をすればよかった。」と、涙ながらに語りました。

「でも、母さんには本当の姿で生きていこうとする自分の決心を認めてほしい！」と、その声は切実で、大切なことだからこそ今の自分を受け入れてほしいという深い思いに溢れていました。

性の話やＬＧＢＴの問題はとても深刻です。

学校現場でも、制服を見直したり、当事者の意見を聞く機会を持つなど、ようやく取り組みが始まりました。今後、誰もが幸せに暮らせる方向を探っていかなければなりません。

Ｈさんとは1回きりの電話相談だったので今の様子はわかりませんが、自分らしく暮らしていることを願っています。

4　決められない子ども

自分の希望に向かって歩む子ども。希望や決心を認めてもらえず悲しむ子どもの姿をお伝えしてきました。

ところが、学級担任をしていると、自分の思いを言葉にしない子どもにも出会います。学級という集団の中で、自分の気持ちを表して友達としっかり関わってほしい。意見の違いを認め合ってこそ、人は互いに理解し合える。そういうことを体験してほしくて、様々な集団作りの場面を仕組んでも、「自分はどうでもいい」という顔をして興味を示してくれないのです。

Ｉ君もそういう中学生の一人でした。

【ケース9】　自分の思いを伝えられない子ども

14歳（中学2年生）
男の子・I君の場合

学校では係を選んだり、班を決めたりと、自分の意思を示さなければならない場面がたくさんあります。また、構成的グループエンカウンターなどを取り入れた集団作りや、ソーシャルスキル・トレーニングも盛んです。けれど、I君はいつも「何でもいい」「どっちでもいい」「どうでもいい」を繰り返します。

たまたま2人になった時に、「もっと自分の考えをちゃんと言うようにしよう。」と話したのですが、本人としては別に斜に構えているのでもなく、なぜか本当に何も感じないし、どっちでも同じと思ってしまうらしいのです。

私にはI君の様子が不思議でなりませんでした。ところが、I君のお母さんとお会いして、この謎は解けました。

家庭訪問したお宅は、とてもきれいに整えられ、お母さんは非常に聡明な方でした。

Ｉ君も交え3人で話していて、私が「Ｉ君は家のお手伝い、よくするの？」と尋ねると、「えー、優しい子で頼んだことは何でもしてくれます。」と、お母さんからサッと答えが返ってきました。

また、Ｉ君のカバンから連絡プリントを取り出したお母さんは、手際よくバインダーに綴じ込みました。

これと同じことがＩ君の小さな頃からいつも繰り返されてきたのでしょう。どんな場面でも答えが用意されていて、Ｉ君が自分なりに一生懸命考えて、迷い、選び、決心する必要がない毎日がこれまで続いてきたのです。

その結果、Ｉ君は自分で考えたり決めることをしない子どもになったのではないでしょうか。

これはI君だけのことではありません。クラスにはこういう子どもが大勢います。本当は何をしたくて何を望んでいるのか、なかなか掴めずに担任としても苦労しました。

子どもは本来、「あっちがいい、こっちがいい」とか、「あれがしたい、これがしたい」「遊びたい、歌いたい」「勉強ヤダ、外に行こう！」と、うるさいほどに自分の気持ちをポンポン口から放り出してくるものです。言葉にしない子どももいますが、そういう子はその分、表情や体で表現してくれます。

たくさんの「あれしたい、これしたい」の中から自分で選ぶ経験を通して、段々と、何故あれがしたいのか、何故これがいいのかを自問自答し、自分の意思が育ちます。経験が積み重ねられてようやく、「決める」ことができるようになるのです。

考え選ぶ前に、目の前に提供されたものが一番良いものであっても、子どもが選ぶ道筋を通ってこなければ、一番良い理由もわからず、他との違いも判りません。そして、選ぶ楽しさやスリル、失敗した時の落胆も感じることができません。

しかも、結果が思い通りにならなかった時には、「親がそう言ったから」といって責任転嫁したり、「初めから私はそんなこと望んでなかった」と、失敗の原因が自分にあることをなかなか認めることができない子どもが育ってしまうことも少なくありません。

お父さん、お母さんは、我が子のために一生懸命です。Ｉ君のお母さんも常に子どものことを最優先にして育ててこられたのでしょう。

そんな子育ての日々、「この子の中に、好きな物を選ぶ気持ち、自分はこれがしたいと望む気持ちは育っているかしら？」と、時に立ち止まって眺めてみてください。

自分の子育ての進む方向が照らし出されるかもしれません。

5　花開く力

子どもは時として、ハッとするような行動をとることがあります。「こんなに小さいのに、そういうふうに考え行動することができるんだ!!」と大人を感心させたり、大人に思いつかないような選択をしたりします。

その時が、小さな体の中に「決める力」が育っている瞬間でしょう。

ケース10は小学校の校長をしていた時、1年生の女の子のお母さんから聞いた話です。ケース11は、30年以上前に担任した中学2年生のエピソードです。どちらも子どもの持つ力に感動させられました。

7歳（小学1年生）
女の子・Jさんの場合

【ケース10】　滑り台をあと3回

1学期末の保護者会が行われた日、校内を見回っていると小学1年生のJちゃん親子に出会いました。Jちゃんはお母さんと一緒なのがとても嬉しそうで、「校長先生、私のお母さんよ。」と紹介してくれました。

その時、お母さんが話してくれたのは次のような内容でした。

「うちはお店をしているので、留守家庭（学童保育）も延長をお願いしています。お迎えに行くと、Jは帰り道に校庭で遊びたがって、時間を気にする私をよそに『もう少し、もう少し。』と言って、毎回私を困らせていました。

ところが、1か月位前、私が帰ろう、と声掛けすると、『じゃ、滑り台をあと3回！見てて。』と言ってグルグルすべって、サッと私の手をとって歩き始めたのです。

土日も仕事であまり遊んでやれないので、彼女にとって校庭で遊ぶことが一番の楽しみなのに、自分で決めて、サッと切り上げて。その時、小学生になってすごく成長したなーと嬉しくなりました。」

私も聞いていて、感動しました。Jちゃんにとってはお母さんとのかけがえのない一時。もっと遊びたいけど、お母さんの焦る気持ちも分かる。そこで、自分の願いも大事に、でも忙しいお母さんのために長くならないよう「3回」と決めたのです。

もちろん小学校に入ったから急に成長したのではなく、これまでのJちゃんの経験の積み重ねが、「決める力」を育て、この日開花したのでしょう。小さな体の中に、大きな力が育っていました。

【ケース11】 顧問の先生を説得して山登り

14歳（中学2年生）
女の子

私は大学時代、ワンダーフォーゲル部で活動し、卒業してからは山岳会に所属していました。その話をするとクラスの生徒はとても驚き、写真を見せると自分たちも山登りがしてみたい、と言います。

あまりに何度も行きたいと言うので、希望した8名の女子を連れて1泊2日で九重に行くことにしました。今振り返るとなんて大胆な、と思うのですが、当時は校長先生も「親御さんの同意をもらって。安全運転で！」と、あっさり認めてくださいました。

山岳会の友達にも車を出してもらって車2台、大人2人と中学生8名の山行です。

けれど、その中の2名が所属するバレーボール部の顧問の先生がとても練習熱心で、「2日続けての欠席はダメ！」とおっしゃるのです。試合も近い時期だったこともあり、「2人を連れていくのは無理だな。」と私は内心ですぐに諦めました。

ところが、2人は「絶対に行きたいです！」と気持ちを変えず、とうとう顧問の先生が折れてOKを出してくださいました。

その先生に「連れて行ってもいいのですか？」と尋ねると、「イヤー、あの子たちには負けました。」と、2人からの手紙を見せてくれました。

そこには、「バレーはとても大事だけれど、クラスメートと一緒に山小屋に泊まって、高い山に登るチャンスは今しかありません。私たちにはどっちも大事です。帰ってきたらこれまで以上に練習がんばりますから、わがままを許して下さい。」ということが便箋何枚にも書かれていました。

自分の担任する生徒ながら、一本取られました。大人の私は、あの先生には言っても無理だなと打開策を考えることさえしなかったのに、子ども達は一生懸命考え、自分たちの希望を実現したのです。中学2年生の力に感服でした。

この登山は天候にも恵まれ、1日目は坊ガツルから三俣山に登り、2日目は大船山を目指しました。途中、小川に出会うと「わー、キレイ。」「水遊びしたい。」「冷たーい！」と大喜びし、草原を横切ると「ここでゴロっと寝てみたい。」と脱線ばかり。結局、目的地まではは時間が足らず、たどり着けませんでした。でも8人はそんなことにはお構いなしで、帰り道も歌を歌いながら、寄り道をしながら山歩きを満喫しました。

教師になりたての私は、こんなに無邪気な中学生から、自分の気持ちを大切にしてまっすぐ進むひたむきささを教えられました。

6　社会もその力を求めている

これまでに、出会った子ども達の姿から自分で決める力の大切さをお話ししてきましたが、今私達が暮らす社会において、子ども達一人ひとりに求められる力は大きく変化しています。それに答えるために教育界でも明治維新、第2次世界大戦後に続いて第3の教育改革と言われる取り組みが進んでいます。

子育てからは少し離れた内容になりますが、戦後75年間の世の中の移り変わりを見ていきましょう。多少硬い話になりますがお付き合いください。

日本は第2次世界大戦後、国土全体の貧困から抜け出すため国を挙げて様々な経済復興に取り組み、朝鮮戦争の影響も受けながら1960年代から高度経済成長期に入りました。外国から資源を輸入して工場で加工、大量生産して世界各地に輸出することで、少しずつ国の力を回復しました。

そういう時代には、知識や技術をきちんと覚えて指示されたことを正確に遂行する労働者が求められました。真面目で堅実な労働者を多く育て、１９７０年代には〝ジャパン アズ ナンバーワン〟[1]と言われるほど、日本の工業製品は世界で高く評価され、ＧＮＰ（＝国民総生産、現在はＧＤＰ＝国内総生産が使われます）が世界第2位の経済大国となりました。

ところが、かつて日本が安い労働力を手掛かりに工業を興して国力を上げてきたのと同様、ＢＲＩＣｓと呼ばれるブラジル・ロシア・インド・中国は、世界平均を上回る成長を示して日本経済を脅かし、中でも中国は今では日本を抜き世界第2位のＧＤＰを誇っています。さらにそれに続くＶＩＳＴＡ（ベトナム・インドネシア・南アフリカ・トルコ・アルゼンチン）等の国々が先を競っています。

そういう状況に押されて、日本の経済資本は安い労働力・安い土地を求めて国内から海外にどんどん移動していきました。そうなると、かつて日本の労働者に必要とされた「指示を守り正確に働く労働力」は、もはや求められなくなりました。

経済界・産業界の変化に影響されて、教育の場でも１９８０年代の終わりに「新しい学力観」が登場しました。これは、これまでの知識を詰め込み、その再現性を評価する教育ではなく、「みずから学び、みずから考える力」を育てようという教育の方針でした。

その延長上で、文部省（現、文部科学省）の下に作られた中央教育審議会が１９９６年に発表した答申「21世紀を展望した我が国の教育の在り方について」の中で、「新しい学力」を言い換えた「生きる力」が打ち出されました。

この答申の中で、「生きる力」とはこれからの変化の激しい社会を生きていくための力のことで、「自分で課題をみつけ、自ら学び考え、主体的に判断、行動し、問題解決する力などの自己教育力であり、自らを律しつつ、他人とともに協調し、他人を思いやる心や感動する心など、豊かな人間性である」と示されました。そして、知徳体をバランスよく育むことが大切だとされています。

さらにその流れは２０００年頃から、「人間力」と言う言葉に引き継がれ、教育界だけでなく経済界でも使われるようになり現在に至っています。

読者の皆さんはニュースなどで「学習指導要領」という言葉をよく耳にされるでしょう。これは幼稚園、小学校、中学校、高校、それぞれの段階で学ぶべき内容を示したもので、ほぼ10年に一度改訂さます。

その学習指導要領にもこの変化は反映され、２０１７年に行われた改訂では「主体的、対話的で深い学び」と言われる学習スタイルであるアクティブラーニングが提唱されました。さらに学力は大きな３つの柱から成り立つとされ、「知識・技能」「思考力・判断力・表現力」に加えて「学びに向かう力＝人間性」が大きな柱として示されました。

このように、学校教育が目指す子ども達の学力にも、社会や経済・産業の状況が大きく

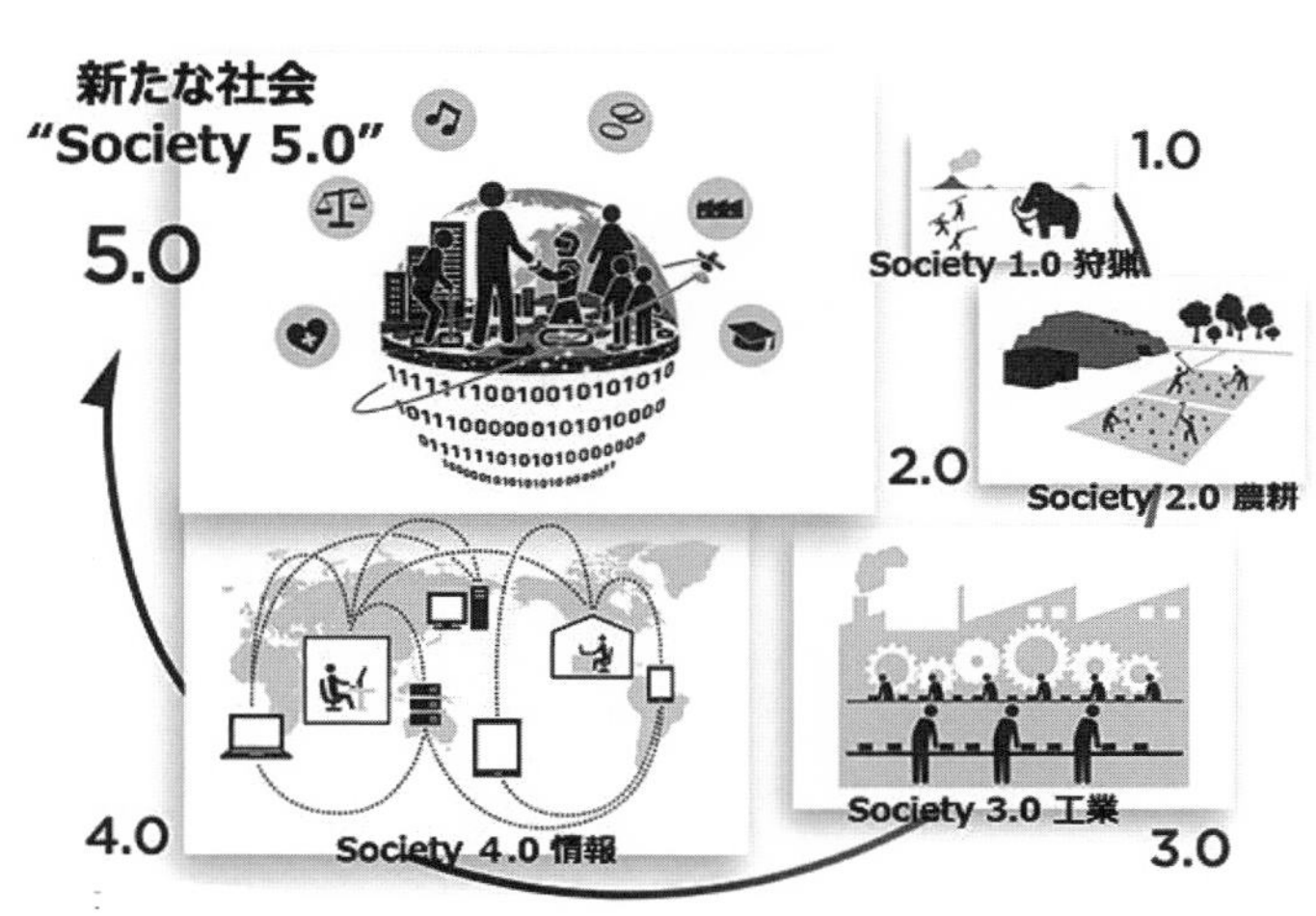

図１　Society 5.0
（内閣府 HP《https://www8.cao.go.jp/cstp/society5_0/》より）

影響しています。

そして今、私たちの生活を見渡すと暮らしの中にＡＩが浸透しＩｏＴ[2]（Internet of Things）が普及した超スマート社会が広まり、狩猟社会、農耕社会、工業社会、情報社会に次ぐ、ソサエティー5.0[3]がすぐそこまで来ています。

また、グローバル化が進む中、労働人口が減少する日本は外国人労働者に頼らざるを得ません。同時に国を挙げて観光立国を目指していますから、多くの外国人が日本を訪れます。

この本を書いている２０２０年はコロナウイルスのために外国人の入国は制限されていますが、近い将来必ず回復する時期がやってくるでしょう。

日本という島国で生きてきたこれまでの時代と違い、一人ひとりが相手に伝えたい自分の考えをもち、一番良いと思う道を選ぶことのできる力が求められているのです。

7　どうすれば「決める力」は育つのでしょう

ここまで読まれて、では自分で決める力を育てるために親としてどうすればいいの？　と思われるでしょう。

それは「小さい時の失敗は取り返せる」と親が覚悟し、「失敗の経験こそ、そこから立ち上がる力を育てる」と確信することです。幾つになっても失敗から人は多くのことを学びます。取り返せる小さな失敗をたくさん経験することは、後々の大きな財産となるのです。

親は子どもを思うあまり、我が子がようやく歩きだして一歩一歩足を進めようとすると、「そっちは危ない」と手を引き、段差があれば抱いて持ち上げてやる。転びそうになると倒れる前に抱きかかえる。そうして育てられた子どもは掠り傷をせずにすみますが、転んだ時の痛みを知らず、自分で危険を回避する方法が分かりません。

同僚の養護の先生がよく嘆いていました。「この頃の子どもは、転ぶと顔を擦りむくの。本当は、顔が地面につく前に手がさっと出るはずなのに、転んだ経験がないから手で防げない。外遊びが足りないし、外で遊んでも転びそうになると大人が助けちゃうのよね。」

大怪我は論外ですが、小さな怪我や痛みはできれば子どものうちにたくさん経験しておくことが大事です。大人が子どもの安全を考えるあまり、先回りして守ってばかりいることは、子どもの気づきや学びの機会を奪ってしまいます。

また、子どもに選ばせたいと言いながら、答えは親が決めていることも多いものです。

私自身の子育てを振り返ってみても、「どっちがいいの？」と尋ねながら、実は選ばせたいものは決まっていたり、「何が食べたい？」と聞きながら予想外の返事には嫌な顔をしてきたことがどれだけあったでしょう。

反省を込めて言うなら、「小さい頃から、自分で考え自分で決めるという積み重ねが、とても大事なことだ。」と親がしっかり意識したいものです。もし結果が子どもが予想したものと違っていたとしても、そこには子どもなりの大きな気づきがあるはずです。

ただし、子どもに決めさせたいと思いながらどうしてもそれができない時、自分をあまり責める必要はありません。

子どもの決定を待てないのは、大人の忙しさにも原因があるのですから。忙しいから、ついつい「早く、早く」「さっさとやりなさい！」とお尻を叩いてしまい、子どもがゆっくり考えたり、自分なりの好みで決める時間を与えることができません。現代の親なら誰しも同じような経験があるでしょう。ゆっくりと子どもの考えを待ちたいと思っても、そうする時間の余裕がないのです。

これは子育てに関する親の姿勢というよりは、日本の労働事情や家庭内事情によるものです。近年、ようやく取り上げられるようになった長時間労働の問題です。現代の日本の家庭を考える時とても重要なので、ここで触れておきましょう。

ＯＥＣＤ（経済協力開発機構）による調査[4]では、２０１９年の日本人平均の労働時間は年間１６４４時間で、アメリカ・カナダ・イタリア等よりも短いとされています。

しかし、この数字はパートタイム労働者も含めた全ての平均で、一般労働の男性の平均労働はこの20年間変わらず約２０００時間、しかもこの数字にはサービス残業は含まれていません。家でゆっくり子どもに関わりたくとも、それができない日本の親のつらさが垣間見えます。

それでも、最近は「働き方改革」で少しずつ時短が進み、会社を早く出られるようになりました。働き方改革で戻ってきた時間をぜひ家族のために使ってください。さらに２０２０年からは、新型コロナウイルスの影響で在宅勤務が増える等、状況は大きく変わっています。

一方で周りを見渡すと、家族を食べさせるためにいくつもの仕事を掛け持ちし、自分の睡眠時間を削って働く保護者が大勢いることを忘れてはなりません。

また、日本では父親と母親の家事・育児にかける時間が大きく違います。総務省の「社会生活基

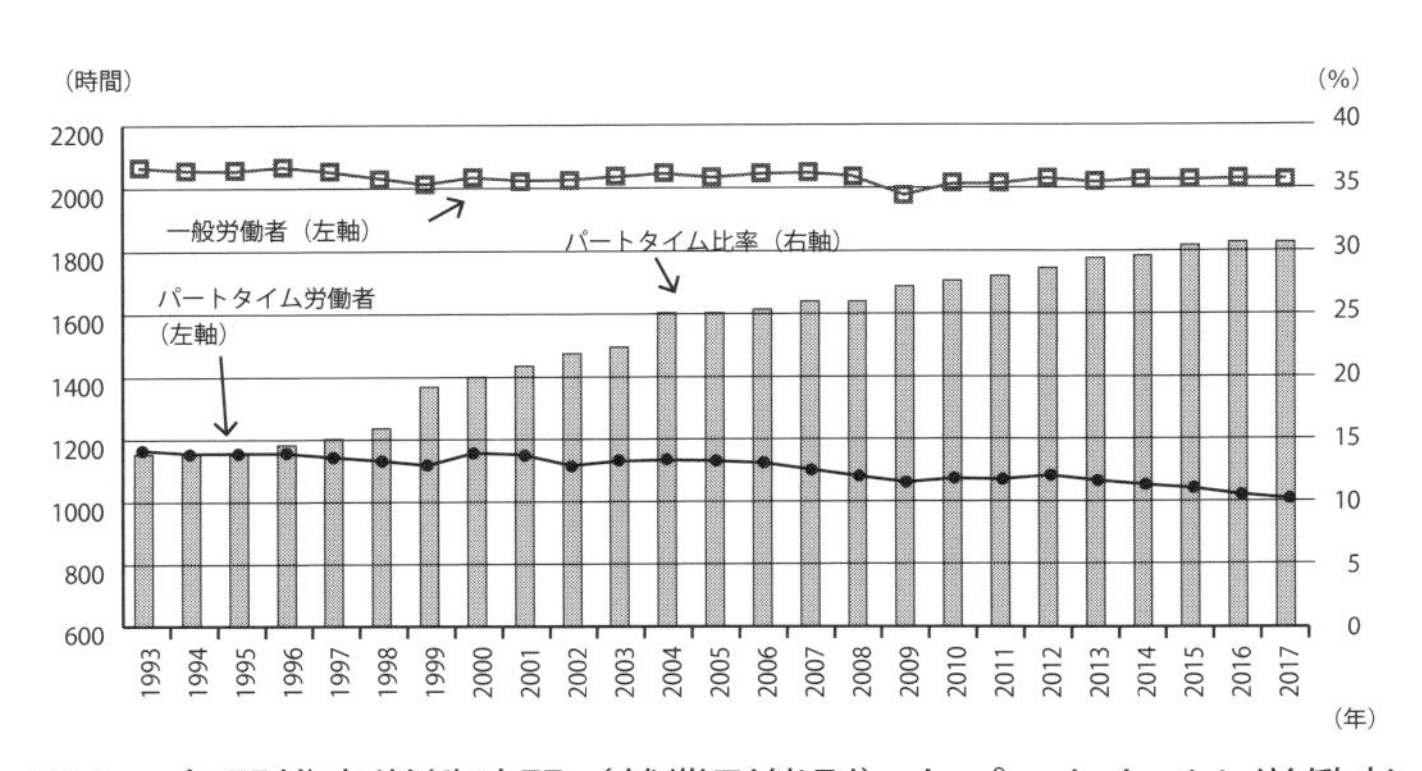

図２　年間総実労働時間（就業形態別）とパートタイム労働者比率

出典：日本生命保険相互会社作成資料（厚生労働省「毎月勤労統計」をもとに作成）

本調査[5]によると、6歳未満の子どもを持つ夫婦の育児・家事関連時間は、2016年では夫が1日に83分、妻が454分だそうです。

もちろん、共稼ぎ、専業主婦など様々な条件がありますが、「ワンオペ育児」という言葉に表されているように、家事・育児の負担が母親に偏っているならば、ゆとりある「待ち」の子育てができないことも納得です。

最近の20代、既婚の男性は「妻にもできるだけ稼いでもらいたい」と思う人が増えています[6]。それに伴って自分も家のことをする覚悟は持っているのですが、実際には仕事で帰る時間が遅く、クタクタになっていて手伝う余力がない、というのが現実でしょう。

日本全体で働き方改革が求められています。改革によって生まれた余裕で父親も母親も子育てを大事にすること、少子化の改善、さらには女性の自己実現や社会への貢献が進んで欲しいものです。

働き方改革は子どもを見守る余裕を生み出して、子どもが決める機会を増やすことで、将来の大きな幸せに繋がっていきます。

8　子どもが歩き始める時に

私たち大人が子どもの決断を見守るときに、気を付けなければならないことがいくつかあります。その一つが、就職に関することです。

「自分探し」や「夢の実現」という甘い言葉に惑わされないで

いつのころからか日本では「自分探し」と言う言葉が流行っています。

「今の自分は本当の自分ではない。だから、本当の自分の夢を探したい。」「自分の力を試してみたい。」

これは「自分探し幻想」とも呼ばれます。

自分の可能性を信じて挑戦したいという若者の思いには共感します。

しかし、この若者の純粋な気持ちを弄ぶかのような社会の一面があるのです。成功を約束するかのようなオーディションがあふれていたり、アルバイトをしながら夢を追いかけることがとてもおしゃれな生活のように喧伝されていることです。

そんな生易しい道はないのに、「自分探し」「夢の実現」という言葉は現実の厳しさと虚しさを目眩ましのようにかすませます。フリーターやニートというカタカナ言葉の後ろに現実の厳しさが見えにくくなってしまいます。

今の日本では、卒業から数年間アルバイト生活を送り「自分探し」の時期を終えて、そろそろ安定した職業に就きたいと思い始めても、新卒でなければ採用試験さえ受けられない企業もあります。やむなく非正規の働き方を続けていても、収入は上がらず将来の生活設計をすることは難しいかもしれません。

これと同じような苦しみを味わっているのが、１９９０年代バブル崩壊後、「失われた10年（その後、20年、30年とも言われています）」の時期に学校を卒業した若者達です。超氷河期と呼ばれた就職難で就労の道が制限され、その後も正規採用になれずにいる人が大勢いるといいます。

自分の夢を追いかけることは若者の特権ですが、その選択をするとき、親御さんにはこのような日本の社会の状況や、システムをしっかり教えてあげてほしいのです。現実に直面した時に、「そんなこと知らなかった」「もっと早くアドバイスしてほしかった。」と言われても、どうにもできません。

この新卒一括採用という制度は日本独特のものです。かつての終身雇用制や年功序列、企業内での研修制度と合わせて、「学校を卒業したばかりの新入社員を一斉に採用し、生涯雇い続ける」というシステムを形作ってきました。この20年、終身雇用制・年功序列・企業内研修はどんどん崩れてきましたが、一括採用だけはいまだに引き継がれています。

海外の状況と比べて、この採用慣行がいつまでも続くとは思えませんが、子ども達には大人の経験も交えながら現状を伝えていきましょう。

一方で、自分のキャリアやそこで培った能力を元に、自由に職場を選び、生き方を選択できる流動性の高い社会に少しずつでも移行させていきたいものです。

苦しい時には、助けを求めてもいいんだよ

子ども達が社会に羽ばたく前に、もう一つ伝えておきたいのは、「苦しい時には、助けを求めなさい」ということです。

日本にはもともと、「人に迷惑をかけてはいけない」という道徳観が根強く、子ども達は家庭でも学校でも、数えきれないほどこの言葉を聞いて育ちます。加えてこの20〜30年間、新自由主義や能力主義の広がりで、自分のしたことは自分で責任をとることが当然という風潮が広がりました。「困っているの!」とか「ちょっと助けてくれる?」というSOSが出しにくい世の中になっているのではないでしょうか。

この本では、子どもが自分で決めることの大切さをお伝えしてきましたが、真剣な決断であっても失敗することはあります。失敗したなら反省し、進む方向をかえてみることもまた大

事な選択です。

「しっかり考えて決める」の後には、「失敗したら、充電」「充電したら、再挑戦」という一連の流れがあること。その時、助けが必要ならば、周りの人に率直に「助けて！」と言うことの大切さを子どもに伝えましょう。その声に、周りの人々は必ず手を差し伸べてくれます。

「自分で決めて失敗したのだから、責任は自分にある。」と決めつけず、誰かの助けを得ながら失敗の原因をつきとめて、再挑戦すればよいのです。自己責任という言葉には、困っている人を突き放す冷たい一面もあることを忘れないようにしたいものです。

海外では、「人に迷惑をかけないようにしなさい」という言葉よりも、「もし困っている人がいたら助けてあげなさい」と教えられることが多いそうです。

私達一人ひとりが意識を変えることで、失敗して落ち込んでいる人を温かく見守り、新たな選択に向かう人を勇気づけられる社会を実現することができるでしょう。

9　コミュニケーションの力

子どもの「決める力」を育てるためには、小さな頃から表現する力をつけなくてはなりません。自分の考えを言葉で表すにも、失敗したり落ち込んだりしたときにＳＯＳを出すにもコミュニケーションの力は欠かせません。そして、その力が家族や周りの人との人間関係を育みます。

コミュニケーション能力と言うと、「いろいろな人と話ができて、自分の意見もきちんと表現できる力」と高度な能力を想像しますが、難しく考えず、まず人と話せる力だととらえましょう。その基礎となるのは家庭の中での会話です。

中学生くらいの年齢になると、子どもは自由な発想で様々なことを考えながらも、残念なことに家ではあまり話さなくなります。一方、親は小さかった頃と同じように、会話が無くとも家庭での生活が困らないようつい世話を焼いてしまいます。

何がほしいのか、どうしたいのかをはっきり言わない。そこで仕方なく、この子はこれが好きだからと親が代わりに選ぶ。気に入らないと子どもは親に文句を言い、悪いのは親だと言うのですが、もちろん悪いのは自分の希望をきちんと言わない子どもです。

でも、言わなくても生活できる毎日を許してしまったのは、私達親の責任と言えるかもしれません。

一昔前の男性が「めし、風呂、寝る」としか言わないことを女性達は嘆いてきました。自分の子どもはせめて「お腹すいたから、ご飯の用意しようよ。」とか、「お風呂入りたいから、お湯入れるね！」などと周りの状況を読み取り、自分の気持ちを言葉で表現できるように育てたいものです。

また、なぜコミュニケーションの力が大切なのかを子ども達に伝えることも大切です。

コミュニケーション能力が求められる背景には、６章でも触れたグローバル化があります。

これからの世の中は、経済資本が国を超えて自由に移動するようになり、海外で働く機会が増えます。外国の労働力も日本に入ってきます。

外国の人と意思疎通を図る時、日本独特の「阿吽の呼吸」や「以心伝心」の文化は通用しません。自分の思いや考えはきちんと言葉で伝えて、イエス・ノーをはっきり表現することが必要になるのです。

もう一つ忘れてならないのが、子どもの表現する場が減っていることです。今の子どもについて、「大人以上に色々なことを知っている。」と感じている人は多いかもしれません。ところが、その知識は実体験から得たものではなく、テレビ、DVD、インターネット、SNSなどいわゆるメディアを通した擬似体験によるものばかりです。その背景には人間関係の貧しさがあり、人と言葉を交わし思いを伝え合う経験がとても少なくなっているのです。

少子化が長く続く日本では、2019年、女性の合計特殊出生率が1・36となりました[7]。そのため、今の子ども達にとって兄弟姉妹の数は「0」「1」が大半で、多くて「2」、これ以上はほんの僅かです。

ここまでは周知のことですが、実は子どもの数が過去70年間減り続けてきた日本では（19

７０年頃、団塊ジュニアの誕生で一時的に増加した時期はありましたが）、保護者世代の兄弟姉妹数も少なく、その結果、おじさん・おばさんの数が少ないのです。そしてそれは、子どもにとっていとこが少ないことを意味しています。

かつては、いとこと言えば斜めの関係の代表的なもので、兄弟姉妹に次ぐ親しく貴重な存在でした。

しかし今その数は減り、さらに故郷を離れての生活も当たり前となった現代では、数少ないいとこに頻繁に会うこともできません。

加えて離婚も増加傾向で、シングルの家庭では、父方・母方どちらかの祖父母、おじさん・おばさん・いとことの関係が途絶えてしまうことが多いのです。おじいちゃん・おばあちゃんに可愛がられ、ある

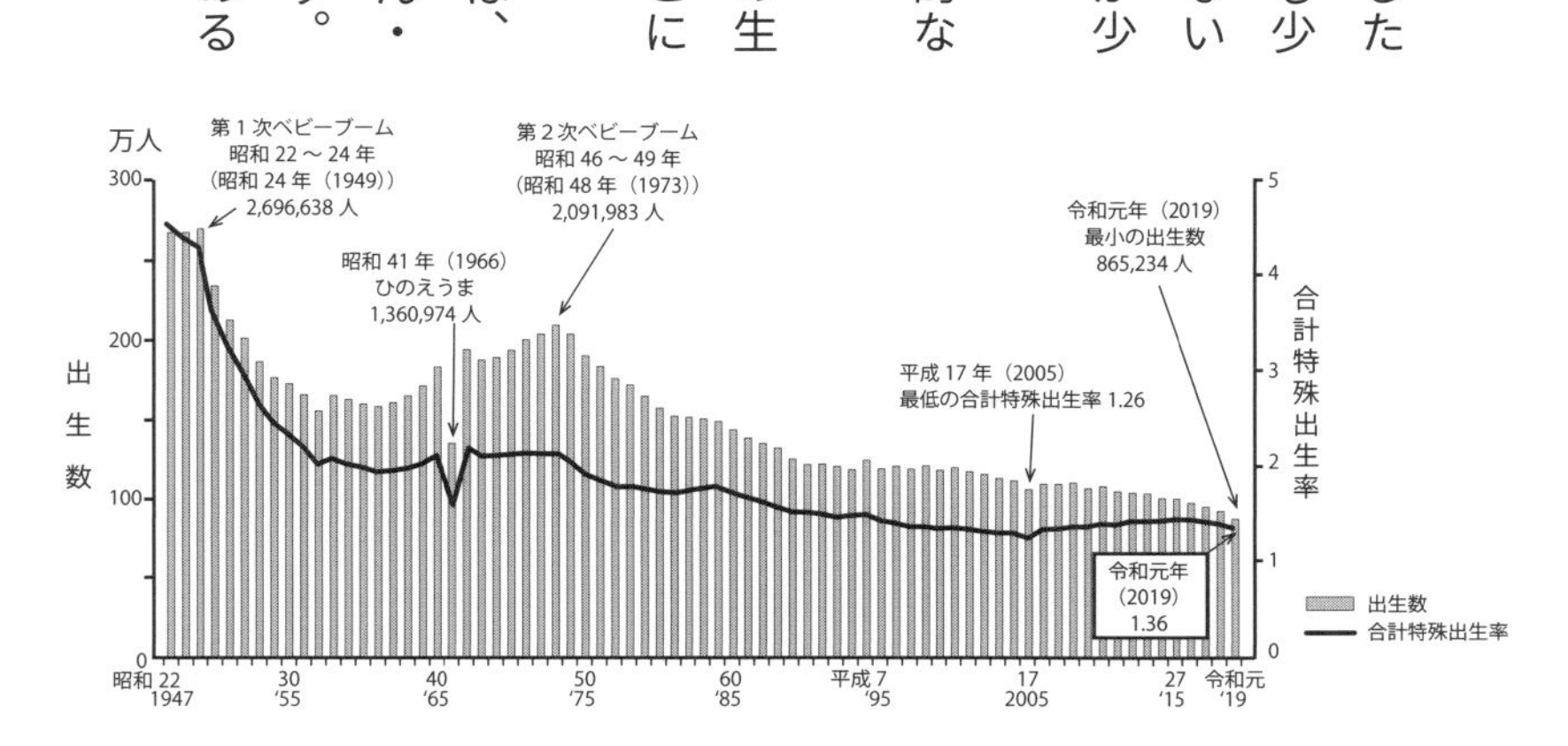

図３　出生数及び合計特殊出生率の年次推移

出典：厚生労働省「令和元年人口動態統計月報年計の概況」より

いは叱られ、おじさん・おばさんに面倒を見てもらい、いとこと一緒に遊びながら色々なことを教わった、そういう環境は子どもの周りから目に見えて減っています。

また、血縁関係の減少に加え、地域社会での人付き合いの稀薄化も進んでいます。

家族以外の大勢の人に囲まれていた時代には、相手によって話題が違い、言葉遣いが変わる、伝えたいことも違うという生活の中で、自ずと表現力やコミュニケーション能力が身に付きました。少子化によって乏しくなった人間関係は、現代の子ども達から多くのものを奪ってしまったのです。


このような状況だからこそ、コミュニケーションの力を身に付けることがとても大切です。実際に子ども達にコミュニケーションの力をつけるには、ケース９でも触れたように、親が先回りをしないことが大事です。話し掛ける時も「オープン・クエスチョン」を心がけましょう。オープン・クエスチョンとは、返事がイエスやノーだけで終わらない問いかけのことをいいます。

たとえば、子どもが学校から帰ってきていつもより元気がない時、「今日は疲れてるみたいね、どうしたの？」と声をかければ、「うん、実はね……。」と話が続いていくでしょう。
それを、「今日は疲れてるみたいね。」で終わってしまうと、子どもは「うん」とか「そうでもないよ」としか答えません。毎日のこの違いは積み重なると大きなものです。

さらに、うちの子はどんなふうに声掛けしても「別に」「うるさい」としか言わない、と嘆く親御さんもおられるでしょう。長い間にそのような家庭の雰囲気が出来上がったのかもしれませんが、「これまでのツケが回ってきたのだから、しょうがない。」と諦める前に、今日からできることを探しましょう。

私も働き始めた娘に、いまだに言葉の使い方や話し方についてあれこれ言うことがあります。娘は「要らぬお世話」と思っているでしょうが、嫌われることを承知で言ってくれる人は親以外にはいません。大人になるまでに教えきれなかったなーと反省しながら、10回言えば1つ位役立つかもしれないと願いながら、繰り返しています。

またある日、我が子が「うるさい！」などと乱暴な言葉を初めて口にしたら、お父さん、お母さん、「うるさいのなら、もう話し掛けないよ！」と断固たる態度を取ってください。そして、子どもが必要に迫られて「ごめんなさい」と言うまで、絶対にこちらから折れて話し掛けたり、会話の相手をしたりしないことです。

思春期になった子どもは乱暴な言葉を使ってみたがるものですが、その時こそ「自分の言葉には責任をもつこと」「親子であっても、言葉によって傷つくこと」「自分の気持ちは言葉で伝えなくてはならないこと」「言わなくとも分かってほしいというのは、甘えでしかないこと」を教えていきましょう。

子どもが言葉で思いを伝えるのには時間がかかります。大人もゆとりをもって、待ちの姿勢で臨めるといいですね。家の中での会話はお互いの気持ちを理解し合い、子どもが深く考え自分なりの意見をもって何かを選んでいくことの第一歩なのですから。

10　家庭での会話復活

改めて家庭を見直してみると、子どもは「別に」とか「ほっといて」「うるさい」としか言わないかもしれません。けれど、諦めるわけにはいきません。

子どもは幾つになっても変わります。また現代は一人前になるまでに身に付けなくてはならないことがとても多く、子どもが本当の意味で成熟した大人になるまでに、昔よりずっと長い時間が必要です。親は幾つになっても子どもに関わっていこうという気持ちを忘れず、諦めずに子どもに向き合っていきましょう。

家庭での会話を願うとき、大きなヒントとなるのが「ユーモア」と「褒める・認める」ことです。

子どもは、大人以上に「笑いたがり」です。子どもが「動きたがり」なのは皆さんよくご存じですが、同じ位、子どもは笑いたがっています。

私が勤めていた中学校に、額にそりこみを入れていつも眉を寄せた暗い表情のツッパリの男子生徒がいました。給食の時間もブスっとして、面倒くさそうに少ししか食べません。

ある時、デザートに巨峰がついていたので、「ブドウ、一粒どう」（ブドウひとつブドウ）と、お皿を渡すと、その子はニコッと笑ったのです。とてもいい笑顔でした。

それからは給食の見回りをしていると、彼の方から「野菜はしっかり食べやさい！」とか、「チキンはちきん（きちん）と召し上がれ。」とか、「校長先生、絶好調」などと言って、話しかけてくれるようになりました。

これは一例ですが、特に男子はカラッと笑えて、楽しい話題が大好きです。家の中でも、みんながつい笑ってしまうような愉快な話題があると会話が弾みます。

また、分かり切っていることでも子どもを褒めたり認めてやって下さい。

思春期になると親に反抗ばかりで、「褒めるところなんて見つからないわ。」とこぼすお母さん。新しいことでなくていいのです。部活で疲れて帰り、「ただいま」も言わずに夕飯に向かう我が子に「態度はデカいけど、ご飯を食べる顔はかわいいね。」と会話の糸口を投げかけてみましょう。

大きくなるにつれて、子どもは面と向かって嬉しい言葉をかけられることが少なくなります。「あなたのこんなところがいいね。」と家族から言ってもらえると、それは確かな自信になります。「もう十分に伝わっているはず」と思うのは、親だけです。子どもは何度も褒めてほしい、自分の良さを認めてほしい、言葉で伝えてほしいのです。

私たち大人だって褒められれば嬉しいし、誰かからの小さな言葉が自信につながることがあるのですから。

思春期の子ども達は、強がったり大人びた態度を見せても、実は自分の将来に不安を抱き、親元を離れて生きていくことに心細さを感じています。もうすぐ独り立ちしなければならないと焦りながら、毎日を過ごしているのです。

そんな時こそ自分のことを温かく見つめ、小さなことでも認めてくれる言葉は大きな心の栄養となり、支えとなります。

小さな頃からずっとその子を見守ってきた親だからこそ伝えてやれる、本人の良さがあるはずです。一緒にいる今のうちに、「あなたのこんなところは素敵だよ。」「昔から、こういうことが得意だったね」と、今さらと思わず、照れ臭がらずにしっかり言葉で伝えましょう。心に残ったその言葉がいつか大きな力になるかもしれません。

ただし注意していただきたいのは、「何か話さなくてはいけない」と焦る気持ちから、「高校はどこを受けるの?」とか「大学は受かりそうなの?」と、急にど真ん中の話題を持ち出さないことです。

ペコペコのお腹で夢中にご飯を食べている時に、ズドンとそんな直球を投げてこられると、子どもとしても狼狽(うろた)えて、「うるさい!」としか返しようがなくなります。

まずは言葉のキャッチボールと思って、たわいないことの繰り返しから始めて、少しずつ会話ができる土壌を耕していきましょう。

11　不幸な子どもを減らすために

多くの子ども達の人生が実り多く幸せなものになることを願いながら、この本を書いてきました。

けれど、現実には希望の道を選ぼうとしてもそれができない不幸も多々あります。そこで、私たちが暮らす日本の現状に目を向け、その不幸の原因について考えていきましょう。未来を生きる子ども達にとっても大きな問題です。

子どもの貧困

まず、子どもの幸せを阻む最大のものは「貧困」です。

一億総中流と言う言葉が広がり、日本に貧困が存在することなど忘れられていた時期が長く続いた日本で、子どもの貧困に目が向けられ始めたのは２００８年。この年は「子どもの貧困元年[8]」と呼ばれます。

日本の家族を可処分所得額の順に一列に並べ、ちょうど真ん中の人の収入額の半分以下の収入で暮らしている人の割合を示したものを、「相対的貧困率[9]」と言います。２０１２年にはこの相対的貧困率が全体で16・１％、子どもの貧困率はさらに厳しく16・３％と報じられました[10]。

この数字は先進国の中で極端に高く、日本人にとって衝撃的な数字でした。

しかし、予兆はいくつもありました。その一つが給食費の未納問題です。２００６年頃からマスコミが取り上げて話題になり、「保護者のモラルの低下

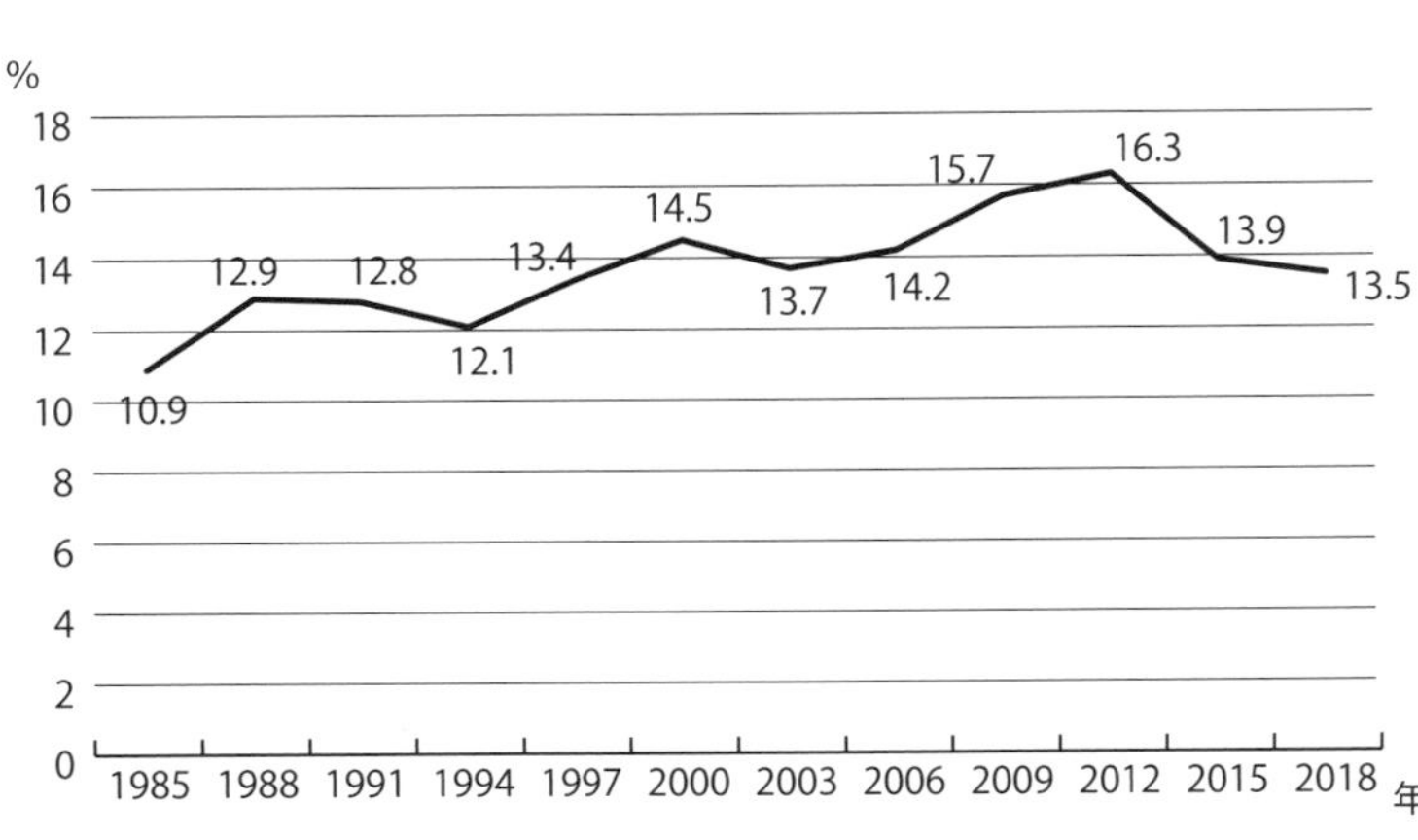

図４　子どもの相対的貧困率

だ」と議論されましたが、中には本当に給食費を払えないほど経済的に困窮している家庭が増えていたのです。

また、１９９０年代から増加傾向の不登校の児童生徒の背景にも、貧困の問題は潜んでいました。不登校の原因は、児童生徒の心的要因、いじめを含む対人関係、学習面の困難など様々ですが、家庭の経済状況が極端に厳しければ、子ども達の「学びたい」、「学校に行こう」という気力が萎えてしまうことは想像できます。

また義務教育は無償で教育扶助等の制度があるとは言え、部活にかかる費用や学用品代など、学校に通うにはその他にもある程度のお金は必要です。貧困が不登校の一因となり、子どもの学びを妨げ自立のための力を身に付けることができないこともあります。また、進学を諦め生き方の幅が狭まる場合もあるでしょう。まさに、貧困の連鎖が続いていくのです。

この10年、日本の貧困問題はようやく世の中にも周知され、様々な対策が講じられ始めました。子ども手当の増額、高校生の就学支援制度、大学などへの修学助成金、給付型の奨学金の増額などです。各地に子ども食堂も誕生しました。その結果、子どもの貧困率は２０１８年には13・５％に減少しました。

しかし、まだまだ十分とは言えず、育った家庭により選べる道が制限され、結果として「自分で考えて、希望の道を選ぶ」ことが保証されていない子どもが大勢います。まさに、経済的格差が子ども達まで迫っています。

私たちは、自分の子どもの幸せを考えると同時に、社会全体で子ども達を守り、「自分には選択肢がなかった」という不幸な子どもがいない社会を目指していきたいものです。

子どもを生みにくい社会

もう一つ子どもの幸せを阻むものとして、P66でもふれたように少子化があります。２００5年の「1・26ショッキング」を覚えている方も多いでしょう。

この年、日本の合計特殊出生率（一人の女性が出産可能とされる15歳から49歳までに産む子供の数の平均を統計的に示した数字）が過去最低の1・26人になったのです。

この数字にようやく政府も重い腰を上げ、２００3年に成立していた少子化対策基本法を基に、女性の育児と仕事の両立対策、保育園の待機児童削減、幼児教育・保育の無償化、男性の育児参加促進などに取り組み始めました。

その結果、合計特殊出生率は10年後の2015年には1・45まで改善しましたが、その後、また減少に転じています。2019年は4年連続の減少で出生率は1・36人、出生数は前年から5万人以上減り86万5234人でした（P67図3参照）。さらに、2020年はコロナウイルスの影響が大きく84万人を下回るだろうと予測されています。

周知のことですが、日本の人口はこの10年、すでに減少し始めています。2010年に1億2800万を超えた人口が、翌年からは数十万人ずつ減少し、2020年は約1億2600万人です。このままいくと2050年には1億人を切るかもしれません。

赤ちゃんの誕生が減りその結果人口が減少していますが、若者達が子どもをほしがっていないわけではありません。結婚もしたいし、できれば子どもも欲しいと考えている若者は大勢います。

しかし、今の状況で子どもをたくさんもつことを選べるでしょうか。長時間労働により父親も母親も時間の余裕がなく、クタクタであわただしい子育てに追われ、大都市の保育所では待機児童の問題が解消していません。

一方、派遣労働者が増えて雇用は不安定、正規労働者でも給与はなかなか上がりません。日本は教育への公的資金がＧＤＰの2.9％と、先進国の中で最低水準のため[11]、子どもの教育費に大きな個人負担を強いられます。このような世の中で、結婚を諦める若者も多く、結婚したとしても将来の教育費などを心配して子どもを産むことを断念したり、一人もてたら充分と考えても当然です。

自分の進路や生き方を自分で選び決められる子どもを育てたい。そして、その決断を認めて見守りたい。これが私の願いですが、そのためには日本全体で解決していかなければならない課題がたくさんあります。

この課題を解決し、日本の未来を変えることができるのも「自分で考え決める力」をもった若者です。私は彼らの力を信じています。

おわりに

２０２０年、世界は新型コロナウイルスの影響で、これまでの常識や生活習慣の変更を迫られました。人との直接的な関わりが少ない生活では、時には自分で自分を認め褒めてあげなければなりません。その感情は「自己肯定感」と呼ばれますが、自分で考え、決めることのできる子ども達には自己肯定感がしっかりと育ちます。

「自分が決めた」という実感が自分を肯定する気持ちを生み、それは自分を勇気づける力となり、選んだ生き方を後押ししてくれます。「決める力」と自己肯定感は、子どもの心の両輪と言えるかもしれません。

私は現在、管理栄養士を目指して大学で食物栄養学を専攻する学生に教育学を教えています。食物栄養学部では栄養教諭の資格も取れるので、教職課程で教育学が必要となるのです。学部には色々なタイプの学生がいますが、「管理栄養士になりたい!!」という強い思いは共通しています。その思いを叶えるために、学生たちの4年間はかなりハードで、3年生まで空き時間はわずかです。大学の単位の数え方は独特で、講義形式の授業は2時間の講義を15回(半年)受けると2単位となりますが(予習と復習をするという前提です)、実験や実習では3時間の授業を15回受けてようやく1単位とカウントされます。そのため、実験や実習を多く必要とする学部では、必要単位を取るために授業の拘束時間がとても長くなるのです。

しかも、管理栄養士は4年間のカリキュラムを学んだ後、医師等と同様、国家試験に合格しなければなりません。この試験は毎年3月初旬に全国一斉に行われ、全体の合格率は約6割と、決して簡単な試験ではありません。その試験に向けて、大学生活の最後の最後まで学生はよく勉強します。まさに、自分の決断を意味あるものにするために、「必ずできる」と自分を信じ、肯定しながら頑張っているのです。その姿に励まされ、感動させられる毎日です。

この原稿を書いていると、久しぶりに教え子のL君の近況を知らせる電話がありました。L君とは小学校2年生の時に出会い、彼は今年高校3年生になりました。

この本の最後に彼のエピソードをご紹介しましょう。

【ケース12】 車椅子でさっそうと生きる

18歳（高校3年生）
男性・L君の場合

初めて会った小学校2年生のL君は、元気でおしゃべり好きな明るい少年でした。頚椎脱臼のために生まれた時から体幹と両足が動きませんでしたが、手術とリハビリによって、当時、手動車椅子での移動が何とかできるようになっていました。

学校でのL君はとても活発で朗らか。掃除の時間は床にすわって熱心に雑巾がけをしました。狭い場所では車椅子を降りて、手を使って器用に移動しました。季節によって体調を崩したり、体温調節がうまくいかないこともありましたが、とても頑張り屋さんで、どの教科もしっかり勉強しました。

体育にも参加して、ある時はマット運動で上手に手を使って前転をしたのですが、これを知った主治医から「術後の脊髄はとても繊細なので、首に力がかかる運動はダメ!!」と慌ててドクターストップがかかったこともありました。
校外では車椅子マラソンに出会います。手動車椅子での移動しか知らなかったL君に、レース仕様の車椅子は「風を切る」という爽快感をプレゼントしてくれました。その魅力の虜になって、マラソンは今も続いています。運動会では車高の低い三輪のレース車とヘルメット姿を披露してくれました。

ご両親は小学校卒業後の進路について、通学のしやすさや設備面を考慮して改築直後の私立の中高一貫校をL君に勧めました。当時、L君のリハビリは週2回。毎回クタクタになるほどハードなものでしたが、この学校の校風に魅せられたL君は受験を決め、猛勉強して、めでたく合格することができました。

中学生になりL君が新しく出会ったのは部活動。囲碁部・放送部で仲間とワイワイ活動し、日曜日には野球部員として試合のスコアブックを毎回記録し続けました。
高校では囲碁部・放送部を続け、コロナで中止になる前年、2019年まで福岡マラソン車椅子競技に参加するというタフな生徒です。

電話の内容は、色々な迷いもあったけれど、卒業後は大学で福祉を学ぶために社会福祉学科の受験を決めたという知らせでした。お母さんはこの学部に決めたことを知らず、三者面談の場で告げられて驚いたとおっしゃっていました。

これまで生きてきた18年間で、制限されること、困難なことは数えきれないほどあったでしょう。けれど、本人もご両親も「その場、その場でできることを無我夢中でやってきただけです。」といつもニコニコと笑いながら、明るく語られます。

自分に無いものを欲しがっても仕

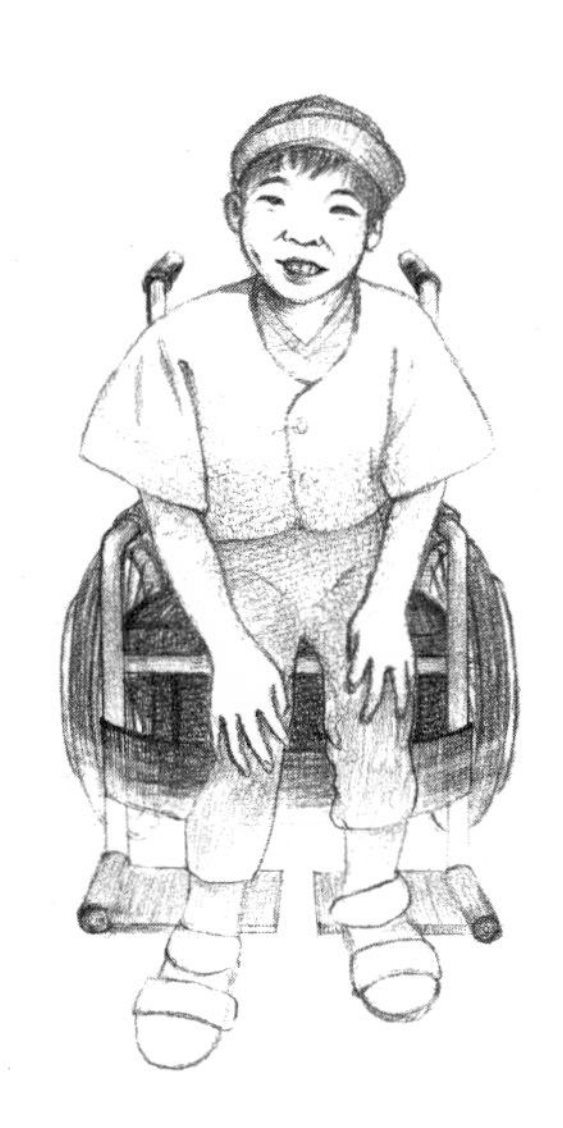

方ない。自分の持って生まれたものを大事に、明るく生きる。このご家族からいつも伝わってくる大きなメッセージです。

L君がこれほど前向きに生きていられるのも、ご両親が彼の気持ちを大切にしながら、しっかりと支えていらっしゃるからです。持ち前の明るさを武器に、この先もたくましく元気に生きていくL君の姿が目に浮かびます。

私が出会ったたくさんの子どもの中には、有り余るほどの才能を持ちながらもそれを上手く生かせない子もいれば、素敵な笑顔で周りを幸せにして、明るく元気に生き抜いている子どももいます。両者の違いを生んだものは、「自分で考え、自分が決めた」という自信。そして認められ、見守られているという実感でした。

お父さん、お母さん、自分を信じて進む道を選び、笑って生きていける子ども達を育てていきましょう。生きていくことは幸せばかりではありませんが、迷ったときには立ち止まり、失敗したらまたやり直せばいいのです。そして私達大人は、子どもを温かく受け入れ、次の一歩へのエネルギーを充電できる場となれるよう努力しましょう。

子ども達の逞しさと明るさを信じながら、ペンを置きます。そして、彼等の未来が実り多いものとなることを、心から願っています。

用語解説

（1）ジャパン アズ ナンバーワン（原題：『Japan as Number One ―Lessons for America―』）社会学者エズラ・ヴォーゲルによる１９７９年の著書。エズラ・ヴォーゲルは戦後の日本経済を分析して高度経済成長の要因を探るとともに、日本独特の経営手法を高く評価して70万部を超えるベストセラーとなった。

（2）ＩｏＴ（Internet of Things）
様々な製品にコンピューターが組み込まれ、インターネット経由で情報のやり取りをすること。「物のインターネット」と呼ばれる。

（3）ソサエティー5.0
狩猟社会＝Society 1.0、農耕社会＝Society 2.0、工業社会＝Society 3.0、情報社会＝Society 4.0に次ぐ新しい社会はSociety 5.0と呼ばれ、仮想空間と現実空間を融合させたシステムによって経済が発展し、様々な課題が解決されると言われている。

（４）ＯＥＣＤの労働時間調査
https://data.oecd.org/emp/hours-worked.htm
日本の全労働者の平均労働時間は年間１６４４時間で、ＯＥＣＤ加盟国中21位（２０１９年）ですが、これにはパートタイム労働者も含まれています。

（５）総務省　平成28年度　社会生活基本調査
http://www.stat.go.jp/data/shakai/2016/pdf/youyaku2.pdf
男性の家事時間は20年前（１９９６年）の38分に比べると約50分伸びていますが、それでも女性４５４分の１／５弱です。

（６）男女共同参画局「男性にとっての男女共同参画に関する意識調査」
http://www.gender.go.jp/research/kenkyu/dansei_ishiki/pdf/gaiyou.pdf

20代既婚の男性は、「妻にも稼いでもらいたい」について「とてもそう思う」「ややそう思う」と合わせると33・0％で、「そう思わない」「あまりそう思わない」を合わせた26・7％を上回っています。

（7）厚生労働省　人口動態統計

https://www.mhlw.go.jp/toukei/saikin/hw/jinkou/geppo/nengai19/dl/kekka.pdf

２００５年に１・26まで落ち込んだ合計特殊出生率はその後少しずつ増加していましたが、２０１６年に再び減少に転じ、２０１９年は１・36となりました。今後、コロナ禍により、一層の減少が心配されています。

（8）子どもの貧困元年

阿部彩東京都立大学教授によれば、日本で子どもの貧困が注目されるようになったのは２００８年からで、この年が貧困元年と呼ばれるようになった。

（9）相対的貧困率

その国の生活水準や文化レベルに比べて困窮した状況を相対的貧困という。世帯の所得がその国の等価可処分所得の中央値の半分に満たない状態をさし、日本では、4人世帯で約250万円以下の生活といわれる。

（10）厚生労働省　国民生活基本調査　概況全体版　P14

https://www.mhlw.go.jp/toukei/saikin/hw/k-tyosa/k-tyosa19/dl/14.pdf

日本における子どもの相対的貧困率は、2012年＝16・3％、2015年＝13・9％、2018年＝13・5％と徐々に減少しているが、OECD加盟国の中では高い割合を示している。

（11）OECDの報告書「図表で見る教育2020年版」

日本では、2017年の初等教育から高等教育の公的支出が、GDPの2.9％であった。これは、OECD加盟国の中で比較可能な38ヵ国中、37位と最低水準である。政府総支出に占める割合は7.8％であった。なお、2020年以降はコロナウイルス対応のための医療費増大等により、この割合は大きく変化すると予想される。

〈著者プロフィール〉

樋口　綾子（ひぐち　あやこ）

奈良女子大学家政学部卒、九州大学大学院修士課程修了。

家庭科教師として公立中学校で20年間教鞭をとる。教育委員会勤務の後、小中連携校・中学校で校長を務める。その間、福岡市中学校道徳教育研究会会長、福岡市中学校長会人材育成委員長を務める。

現在は九州栄養福祉大学教授。栄養教諭を目指す学生に教育学を教えながら、思春期の子ども達の非行防止や子育てについて講演活動を行っている。

イラスト

谷口　初美（たにぐち　はつみ）

女子美術大学芸術学部卒。

元中学校美術教師。12年ほど前から美術家教師集団「THEO」に所属し、創作活動を続ける。美術の魅力を発信するために、はがき絵教室の講師、福岡市美術館ギャラリートークボランティアなどの活動を行っている。

「決める力」をもった子ども達

初版　2021年3月1日発行

著　者　樋口綾子

発行者　田村志朗

発行所　㈱梓書院

〒812-0044 福岡市博多区千代3-2-1

tel 092-643-7075　fax 092-643-7095

印刷・製本 / 青 雲 印 刷

ISBN978-4-87035-710-5